~~no~~ puedo dejar de **amarte**

luzzia

*~~no~~ puedo dejar de **amarte**￼*

dedicado a la gente que ama sin límites

*lo siento, pero
no podemos seguir juntos.*

TÚ

~~no~~ puedo dejar de **amarte**

te fuiste
sin dar ninguna explicación,
como si yo nunca hubiera sido
una razón suficiente
para quedarte.

a veces, cuando creo
que he vuelto a ser feliz,
me asalta la imagen
de tu última mirada
y siento que me duele
el corazón.

son las dos de la mañana
de un día cualquiera
y siento la necesidad
de enviarte un mensaje
para recordarte
que todavía estoy aquí.

entonces, recuerdo
que tú sabes,
como siempre lo has sabido,
que sigo aquí,
pero no te importa.

estoy entre dos puntos:
tratando de dejarte ir
y rezando para que vuelvas.

no te dije que te quería
para escucharlo de tus labios.
lo dije para asegurarme
de que lo supieras.

tú te diste por vencido con nosotros.
yo nunca lo hice.

sé que hay personas que han nacido
para estar juntas,
pero lo hacen todo mal.

¿y si nos enamoramos
en el momento equivocado?

te echo de menos,
pero no puedo decírtelo.

echo de menos la forma
en que me sentí
cuando te conocí.

echo de menos la forma
en que me querías,
en que me mirabas,
en que te preocupabas
tanto por mí.

¿tú me echas de menos
alguna vez?

te echo de menos,
pero no puedo hacer nada
para evitarlo.

te quería tanto que incluso
cuando me hiciste daño
intenté entenderte.

te quería tanto y ahora
sólo somos dos extraños.

después de lo que tuvimos,
actuamos como si nunca
nos hubiéramos conocido.

no fuiste tú
quien me rompió el corazón.

fui yo:
rompí mi propio corazón
tratando de ser suficiente
para ti.

de mí,
para mí:

algún día alguien te amará
y olvidarás
por qué nadie más
pudo amarte
como te merecías.

aunque no quiera,
no puedo evitar pensar
que estás en algún lugar
con alguien más
mientras yo lloro por ti.

sé que un día te darás cuenta
de cuánto me importabas.

que descubrirás que te lo di todo,
que te mostré mi alma
y te dejé entrar
donde nadie tiene acceso.

y te darás cuenta
de que me destruiste
y no lo merecía.

que me perdí mientras buscaba
cómo ayudarte.

me perdí y te perdí.

y tú actuaste
como si yo no fuese más
que una desconocida
a la que le rompiste el corazón
en mil pedazos.

me gustaría que llegase alguien
que viese todo lo malo
que hay en mí y
aún así
se quedase.

nuestro *casi*
siempre me perseguirá.

se necesitan 21 días
para romper un hábito,
pero han pasado 7 meses
y sigo enamorada de ti.

¿sabes?
hoy he vuelto a leer
nuestros mensajes.

me prometías estar siempre ahí.
y yo te creía.

me mentiste.

quizás te amé demasiado
demasiado pronto.

quiero dejar de amarte,
como tú has hecho conmigo.

cada día trato
de no echarte de menos,
de dejarte ir.

pero, al final,
de una manera u otra,
a veces, por un mínimo detalle,
sigues estando en mi mente.

quiero olvidarte,
como tú has hecho conmigo,

pero,
en el fondo,
estoy esperando que vuelvas.

supe que te amaba
cuando no pude odiarte
por romperme el corazón.

no te despediste
y una parte de mí cree
que eso significa
que vas a volver.

sigues apareciendo
en el autocorrector
del teclado de mi móvil.

sigo sin saber
qué responder
cuando mi madre
me pregunta por ti.

aunque no estemos juntos,
nunca dejaré de amarte.

nuestro amor ha sido demasiado
importante para mí.

perdí a alguien
que no me amaba,
pero tú perdiste a alguien
que te hubiese amado
toda la vida.

¿alguna vez las personas correctas
en el momento equivocado
tienen un segundo intento?

*~~no~~ puedo dejar de **amarte***

espero que el tiempo
se haya equivocado
y nos haya reservado
el momento ideal
para reencontrarnos.

31

de mí,
para mí:

        a veces,
        no consigues lo que quieres
        porque mereces algo mejor.

si está destinado a ser,
volverás a mí.

o, tal vez,
tú o yo
somos el destino
de alguien más.

quiero volver al momento
en que me dijiste
tu nombre
por primera vez.

quiero volver al momento
en que me llamaste
por mi nombre
por primera vez.

tengo muchas ganas
de mandarte un mensaje

y decirte que
te echo de menos,
pero tengo miedo

de tu respuesta

o de que no haya ninguna.

¿cómo dejas ir a la persona
que era *tu hogar*?

todo lo que esperaba
era una notificación con tu nombre
y esas cuatro palabras:
te echo de menos.

¿por qué me dijiste
todas esas cosas,
si no planeabas quedarte?

casi desearía que no
nos hubiéramos conocido.

así no sentiría este dolor
de saber que estás vivo,
pero no me quieres.

en realidad, no sabes
lo profundamente enamorado
que estás de alguien
hasta que intentas alejarte.

aún en la distancia,
sigues siendo
mi historia favorita.

no te culpo por irte,
te culpo por la forma en que lo hiciste.

me dejaste atrás
como si fuera un mal recuerdo.

merecía una despedida
más amable.

espero que un día
puedas entender
cuánto significabas
para mí.

te he echado de menos
de todas las formas posibles
y, en cada una de ellas,
me he preguntado lo mismo:

¿alguna vez me echas de menos?

y luego,
nunca volvimos a hablar,
pero lo que más me duele
es que nunca
nos dijimos adiós.

y, de repente,
éramos extraños otra vez.

no esperaba que te quedaras,
pero tampoco esperaba que me dejaras
como lo hiciste.

nunca me sentí más amada
y más herida
por una misma persona.

a veces,
no puedes explicar lo que ves
en una persona.

es la forma en la que te llevan
a un lugar
al que nadie más puede
lo que la hace tan especial.

no sé lo que somos,
pero extraño lo que fuimos.

que te hayas ido
no cambia
lo que siento. todavía
te quiero.

a veces, me pongo a dormir
para no pensar en ti.
entonces, te trasladas a mi sueño
y ocurren cosas preciosas.

y, al abrir los ojos,
todo vuelve a saltar por los aires.

tú te has ido,
pero sigues aquí de muchas formas.

a veces, la ausencia
ocupa demasiado espacio.
es como multiplicar a una persona
por todos los recuerdos
que tienes con ella.

cuando te fuiste
no sólo me destruiste a mí.

destruiste palabras,
lugares, canciones
y nombres.

una vida llena
de posibilidades.

no confío en nadie,
pero confié en ti.

y me traicionaste.

cuando creo que te he superado,
ocurre algo
y en lo primero que pienso
es en contártelo.

echo de menos
tener a alguien que me escuche
en la madrugada,
cuando no puedo dormir.

pero ya no hay nadie
al otro lado.

me gustaría saber
en qué piensas cuando alguien
dice mi nombre.

a mí
todavía
se me encoje el alma.

la parte más triste
es tener que decir *adiós*
a alguien con quien deseas
pasar toda tu vida.

han pasado seis meses,
empiezo a ver la vida de otra forma, pero
si me llamases ahora,
en una de estas noches tan largas,
a las tres de la mañana,
te contestaría.

sé que podría volver a comenzar,
sin pensarlo dos veces.

sin llamadas,
sin mensajes,
sin ninguna señal
durante tantos días,

pero,
aquí estoy
pensando en ti.

de mí,
para mí:

no necesitas más dolor.
cuando vuelva,
recuerda cómo se fue.
lo volverá a hacer.

una parte de mí
siempre te estará esperando.

creo que yo te quería demasiado
y tú no me querías lo suficiente.

pero, aún así, no te imaginas
cuánto echo de menos la forma
en que me mirabas.

todavía recuerdo
nuestra primera conversación.
quedarme despierta hasta tan tarde
sólo por ti.
trasnochar todos los días
por hablar contigo.

ahora que te has ido
sólo me queda
el silencio y el insomnio.

sentí más contigo
en las semanas que hablamos
que con alguien
con quien pasé años
y al jamás tuve sensación
de conocer.

ya no hablamos
y lo más triste
es que solíamos hacerlo
todos los días.

le eché la culpa
al insomnio, pero,
en realidad, eras tú.

tú siempre fuiste
mi razón favorita
para desvelarme.

ojalá supieras
cuántas noches
pasé en vela
preguntándome
qué estaba fallando,
si yo te quería tanto.

tu nombre
aún me duele,
pero me duele más
saber que rompí
mis reglas por ti

y que tú no sólo rompiste
tus promesas.
me rompiste a mí
y yo te dejé.

tan leal a ti,
que me traicioné
a mí misma.

si me aferro duele,
pero si te dejo ir duele aún más.

¿y si nunca consigo olvidarte?
¿y si cada vez que conozco a alguien
nunca puedo enamorarme de él
con tanta fuerza
como lo hice contigo?

una parte de mí siempre
querrá saber si,
en algún momento,
sentiste lo mismo.

el hecho de que no te doliese,
como me estaba doliendo a mí,
me lo dijo todo.

siempre querré lo mejor para ti,
a pesar de todo por lo que hemos pasado.

aunque no vuelva a verte nunca.

no te vayas y, luego,
digas que merecía algo mejor.

no quería algo mejor.
te quería a ti.

el amor es el sentimiento
más extraño del mundo.

va en todas direcciones
mientras todo el mundo lo persigue.

no se detiene a mirar nada
y hace saltar todo por los aires
cuando llega
y cuando se va.

todo el mundo lo conoce,
pero nadie sabe definirlo.

tiene miles de formas, colores
y disfraces. jamás sabes qué ojos
lo llevan puesto para ti
y es difícil saber para quién es
cada mirada.

el amor es el sentimiento
más expansivo que existe.
cruza los límites del bien y del mal
y, depende del momento,
su sabor es dulce como una nube
o doloroso como un puñal.

y aún así, confiamos
ciegamente en que nos asalte
y lo transforme todo
a nuestro alrededor.

sigues siendo
mi persona favorita.

te fuiste, pero, en realidad,
nunca te fuiste.

¿tiene sentido?

a veces,
tengo la sensación
de que estás a punto
de entrar por la puerta.

siempre dicen que el amor
todo lo cura. pero esta locura
que tuve contigo
se está disipando.

empiezo a ver la realidad,
no esa imagen que te construí
para seguirte amando.

la realidad es que estoy mejor
sin ti.

empiezo a preferir este dolor
a una vida con una venda en los ojos.

nunca pensé que diría esto, pero:

gracias por irte.

me he dado cuenta
de que mis lágrimas
ya no son para ti.
sino para esa parte de mí
que destruiste.

lo peor de amarte
no fue que te fueras,
sino que esperaba
que volvieras.

de mí,
para mí:

puedes hacer que te quiera,
pero no puedes hacer que te elija.

no conocí el *desamor*
hasta que estuve frente
a la persona que más amaba
sabiendo que
todo había terminado.

hubo un momento en que
lo hubiese dado todo
para que me miraras
como solías hacerlo.

para volver a sentir esa explosión
dentro de mí
cada vez que nos mirábamos.

ahora eres un recuerdo
de una estrella
que alguna vez existió
y que me abandonó,
dejándome sus cenizas.

tú fuiste mi *sí, quiero*.
yo sólo fui tu *quizás*.

¿dónde queda esa vida
que había imaginado a tu lado?

¿a qué extraño universo
van los recuerdos de cosas
que no han ocurrido nunca?

¿en qué momento dejaré de ver tu cara
cuando alguien pronuncie tu nombre,
aunque no tenga nada que ver contigo?

¿cuántas veces más vas a aparecer
en mis sueños
y me vas a susurrar cosas
que jamás escuché en vida
de tus labios?

¿por qué mi mente es más difícil
de convencer que mi corazón?
él, ha aceptado el dolor,
ella, no quiere pasar página.

y yo lo único que deseo
es volver a empezar.

no merecías
lo bien que te traté.

todas las veces
que te puse por delante
sólo porque te quería.

todavía recuerdo
cómo empezamos a hablar
y el día en el que dejaste de hacerlo.

dejarte ir fue lo más difícil
que he hecho, pero
no tan difícil como verte
no queriéndome
durante tanto tiempo.

dos palabras. seis letras.
nunca nada me había dolido tanto.

—te dejo

te echaré de menos
toda la vida,
pero sé que aprenderé
a vivir con ello.

¿qué haces cuando
tu problema
y tu solución
son la misma persona?

no sé por qué *te quise tanto*
cuando me diste miles de razones
para no hacerlo.

tu nombre
aún me rompe el corazón.

pero sé que estoy atravesando
el dolor. que cada día me acerca
a una vida nueva.

ya no estarás en ella,
pero eso no la hace peor,
sólo diferente.

vivir es aprender a despedirse.

si te viera,
no sé cómo reaccionaría.

la verdad es que prefiero no verte
ahora que se empieza a desdibujar
tu rostro en mi memoria.

pronto sólo quedarán las sensaciones
de un amor que fue.

si te volviese a ver ahora
quizás no reaccionaría.

daría media vuelta.

sé que *mi felicidad*
ya no pasa por tu camino.

no puedo dejar de **amarte**

todavía pienso en ti,
pero ya no deseo que vuelvas.

siempre pensé que tú
eras la *persona adecuada*,
pero nos encontramos
en el *momento equivocado*.

ahora tengo dudas.

me ha tomado mucho tiempo
llegar hasta aquí.

no quiero perderme de nuevo.

quiero estar enamorada de alguien
que quiera estar enamorado de mí.

he aprendido que los amores más fuertes
no siempre son los más buenos.
que pueden acercarnos al dolor
mientras ocurren
y cuando se alejan.

no quiero vivir en un mundo
lleno de emociones tóxicas,
jugando al gato y al ratón
y aguantando ausencias
que me arañan.

estoy demasiado cansada
de todo lo que he pasado
estando a tu lado.

y aunque te he querido,
como jamás había querido
a nadie en este mundo,
sé que empiezas a ser un recuerdo
y que vendrán personas
que me hagan sentir como un regalo,
que me escucharán
y no se alejarán en silencio.

pensé que estaría sola,
pero, cuando se fue,

me volví a encontrar.

gracias por hacerme conocer
el verdadero amor.

no, no hablo del tuyo.
ese nunca fue verdadero.

hablo del que me ha dado mi madre
desde que te fuiste.
de la comida que me prepara mi abuela
cuando me ve llorando.
de las canciones que pone mi padre
cuando me ve tumbada en el sofá
mirando al vacío.

hablo de las conversaciones de mis amigas,
que intentan reírse sin sentido para animarme.
de la sonrisa de mis vecinos
cuando me abren la puerta.
de la belleza de cada atardecer
cuando salgo a pasear con mi perro.

cuando te fuiste,
empecé a comprender
lo grande que es el amor.

y sé que no podré olvidarlo nunca.

hoy me he levantado
con la sensación de que aquí
empieza mi nueva vida.

soy feliz.

no necesito a nadie,
que no sea yo,
para serlo.

no puedo dejar de amarte
porque eres un sueño que vivo con los ojos abiertos,
un regalo que nunca se acaba.
cuando te miro, siento que parte de mi corazón
late fuera de mi cuerpo.

puedo dejar de amarte
porque me amo para dejar de destrozarme.
cada vez que te miro o tu nombre se cruza conmigo,
eres una pesadilla que me asalta,
una condena que me autoimpuse.
cuando te pienso, siento que parte de mi corazón
se ha ido, pero voy a reconstruirlo.

~~no~~ puedo dejar de **amarte**.

*~~no~~ puedo dejar de **amarte***

*ojalá nunca hayas leído
nada de lo que te he escrito,
porque me destrozaría saber que
a pesar de eso
no me has buscado.*

MARIO BENEDETTI